Tabla de Contenido

La cultura China

Copyright ©

Capítulo 1: Introducción a la Cultura China

1.1 Orígenes históricos

En el vasto escenario de la historia humana, los orígenes de la cultura china emergen como un relato fascinante y complejo. Se remontan a miles de años atrás, tejidos en la misteriosa trama de civilizaciones ancestrales que florecieron a lo largo de las riberas del río Amarillo y el Yangtsé. La profunda raíz histórica de esta cultura es un testimonio de la resiliencia y la creatividad del pueblo chino a través de las eras.

El rastro de los orígenes históricos de China se pierde en las brumas del tiempo, en una época en la que las tribus nómadas se asentaron gradualmente y comenzaron a cultivar la tierra. Fue en estas tierras fértiles donde surgieron las primeras comunidades agrícolas, marcando el comienzo de una nueva era. Los arqueólogos han desenterrado artefactos de cerámica y herramientas rudimentarias que atestiguan la transición de la caza y la recolección a una forma de vida agrícola más sedentaria.

A medida que las sociedades agrícolas se establecieron, también lo hicieron las primeras estructuras de gobierno y organización social. Alrededor del tercer milenio antes de nuestra era, en la región del río Amarillo, se erigieron las primeras ciudades amuralladas. Este período, conocido como la era de los Tres Augustos y los Cinco Emperadores, es un capítulo fundamental en la historia china, donde las bases de la civilización comenzaron a cimentarse.

Un hito crucial en los orígenes de la cultura china fue la invención de la escritura. Alrededor del siglo XVI a.C., la antigua escritura china, en forma de pictogramas y logogramas, comenzó a aparecer en inscripciones oraculares en huesos y caparazones de tortuga. Estas inscripciones, vinculadas a la adivinación, brindan una ventana única a la mentalidad y las preocupaciones de esa época temprana.

A medida que el tiempo avanzaba, las distintas regiones de China comenzaron a unificarse bajo poderosas dinastías. Desde la legendaria Dinastía Xia hasta la Dinastía Shang y la Dinastía Zhou, el terreno político y cultural experimentó cambios significativos. La filosofía también floreció en este período, con figuras como Confucio y Laozi sentando las bases para sistemas de pensamiento que continuarían influyendo durante siglos.

En resumen, los orígenes históricos de la cultura china son una travesía en el tiempo, una narrativa que se teje a través de la evolución de sociedades agrícolas, la consolidación de dinastías y la emergencia de pensadores visionarios. Esta herencia antigua sentó las bases para la rica y diversa cultura que se extiende hasta nuestros días, con su profunda reverencia por la tradición y su continua adaptación a un mundo en constante cambio.

1.2 Influencias geográficas y climáticas

La geografía diversa de China, con sus vastas llanuras, majestuosas montañas y serpenteantes ríos, ha influido profundamente en la forma en que las comunidades se establecieron y prosperaron. Las llanuras fértiles a lo largo de los ríos Amarillo y Yangtsé han sido históricamente centros de agricultura y desarrollo económico, permitiendo el cultivo de cultivos abundantes y la formación de asentamientos densos. Estas áreas, como el núcleo geográfico de China, han sido testigos del surgimiento y la caída de dinastías, así como de la convergencia de diversas etnias y culturas.

Las montañas que rodean estas llanuras han tenido una doble influencia: han servido como barreras naturales que han protegido a las civilizaciones de invasiones externas, al tiempo que han fomentado la aparición de culturas únicas en diferentes valles y regiones aisladas. En las vastas extensiones occidentales de China, el Tíbet y las cordilleras montañosas han dado forma a las formas de vida y creencias espirituales de las comunidades locales, como el budismo tibetano arraigado en las altas mesetas.

El clima variado de China, desde las estaciones bien definidas en el norte hasta la tropicalidad en el sur, ha influido en los patrones de vida y en las tradiciones de la población. En las regiones del norte, las amplitudes térmicas extremas han llevado a una cultura centrada en la conservación de energía y en la adaptación a condiciones adversas. Por otro lado, el sur, con su clima más templado y húmedo, ha fomentado prácticas agrícolas diversificadas y la vida en comunidades más densamente pobladas.

El vasto paisaje de China también ha dejado su huella en la espiritualidad y la creatividad del pueblo. Los ríos y montañas han sido venerados como manifestaciones de lo divino, encontrando su camino en la poesía, la pintura y la filosofía. La conexión entre la naturaleza y la mente humana es un hilo conductor que atraviesa las eras, desde las antiguas creencias chamanísticas hasta el daoísmo, que abraza la armonía con el Tao, y el confucianismo, que encuentra lecciones morales en el orden natural.

En conjunto, la geografía y el clima de China han sido arquitectos invisibles de una cultura rica y diversa. Han tejido una red de influencias que han dado forma a la forma en que los chinos se relacionan entre sí, con su entorno y con su historia. Esta relación entre la naturaleza y la cultura sigue resonando en la vida moderna, una sinfonía de tradición y adaptación constante.

1.3 Principales características culturales

La sabiduría de los antiguos filósofos chinos, como Confucio, Laozi y Mencio, ha impregnado la cultura con un énfasis en la moralidad, la ética y el respeto a las jerarquías sociales. El confucianismo, en particular, ha dejado una marca indeleble en la forma en que las relaciones personales y sociales se desarrollan en la sociedad china. El énfasis en la lealtad, la piedad filial y la armonía social ha perdurado a través de los siglos, influyendo tanto en el tejido de las familias como en las estructuras gubernamentales.

La escritura china, con su complejidad y belleza, es otro pilar central de la cultura. Los caracteres chinos, que representan ideas más que sonidos, han sido una herramienta para la comunicación y la preservación del conocimiento durante siglos. Esta forma de escritura ha trascendido barreras lingüísticas y ha unificado una nación caracterizada por su diversidad lingüística y regional.

El arte, tanto visual como interpretativo, también ha dejado una profunda huella en la cultura china. La pintura y la caligrafía son expresiones artísticas intrincadas que requieren paciencia y habilidad, reflejando la importancia de la precisión y la estética en la vida cotidiana. En el ámbito de la interpretación, la ópera china, con sus elaborados trajes y actuaciones cargadas de simbolismo, ha llevado a los espectadores a mundos imaginarios y emocionales durante siglos.

La medicina tradicional china, con sus principios de equilibrio entre el yin y el yang y la circulación de la energía vital conocida como "qi", ha sido un componente crucial de la cultura china. La acupuntura, la moxibustión y las hierbas medicinales son herramientas que han sido utilizadas para mantener la salud y tratar enfermedades a lo largo de generaciones.

La gastronomía china, reconocida en todo el mundo, refleja la diversidad geográfica del país y su rica historia. Desde los sabores audaces de la cocina de Sichuan hasta la delicadeza de la cocina cantonesa, la comida china es una celebración de los ingredientes frescos, las técnicas culinarias meticulosas y la importancia de compartir comidas como un acto social.

En última instancia, estas características culturales entrelazadas han creado un tapiz intrincado que define a China y a su pueblo. Esta cultura ha demostrado ser tanto resistente como adaptable, fusionando elementos antiguos con influencias contemporáneas para formar una identidad vibrante y en constante evolución. A medida que China mira hacia el futuro, su cultura sigue siendo un faro que guía su camino, enriqueciendo las vidas de sus ciudadanos y compartiendo su riqueza con el mundo.

Capítulo 2: Filosofía y Pensamiento

2.1 Confucianismo

En el núcleo del confucianismo yace la noción de "ren", a menudo traducida como "benevolencia" o "humanidad". Este concepto establece que el respeto, la empatía y la compasión hacia los demás son fundamentales para una sociedad armoniosa. Confucio creía que la práctica del "ren" extendía sus raíces desde las relaciones familiares hasta las estructuras gubernamentales más amplias, lo que contribuía a la estabilidad y la armonía en la sociedad.

La importancia de las relaciones familiares y sociales también es un pilar central del confucianismo. La noción de "xiao" o "piedad filial" destaca la reverencia y el respeto que los hijos deben a sus padres y ancestros. Esta enseñanza, arraigada en el tejido cultural chino, ha dado forma a la estructura de las familias y ha influido en la moral y la ética de generaciones.

Otro aspecto crucial del confucianismo es la importancia de la educación y el conocimiento. Confucio creía en la búsqueda constante de la excelencia a través del aprendizaje y la reflexión. La educación no solo era un medio para el automejoramiento, sino también una forma de contribuir positivamente a la sociedad en su conjunto. La veneración por los sabios y eruditos pasados ha llevado a una tradición de valorar la sabiduría y el conocimiento en la cultura china.

El confucianismo también ha influido en la estructura política y la gobernabilidad en China. La idea de que los líderes deben ser ejemplares en su conducta y virtuosos en su liderazgo se ha arraigado en la mentalidad china. Los gobernantes confucianos son aquellos que siguen un camino de virtud y se preocupan por el bienestar de su pueblo. Esta filosofía ha dejado una marca duradera en la forma en que se aborda la gobernabilidad y la ética en China.

A lo largo de los siglos, el confucianismo ha sido objeto de interpretaciones y adaptaciones. A pesar de los desafíos y cambios históricos, su influencia ha perdurado. Ha sido un faro que ha guiado a través de momentos de turbulencia y ha proporcionado un marco ético y moral en una sociedad en constante evolución.

En la contemporaneidad, el confucianismo sigue siendo un componente esencial del tejido cultural chino. Aunque la sociedad ha cambiado y se ha globalizado, los valores de respeto, responsabilidad y armonía siguen siendo intrínsecos en la mentalidad china. El confucianismo, con su enfoque en la humanidad y la mejora personal, sigue siendo relevante, un recordatorio constante de que la sabiduría del pasado sigue resonando en el presente.

2.2 Taoísmo

El concepto central del taoísmo es el "Tao", a menudo traducido como el "Camino" o "Vía". El Tao es una fuerza cósmica insondable e indescriptible que impregna y conecta todo en el universo. Se trata de fluir con la naturaleza y no resistir su curso natural. El taoísmo enfatiza la importancia de liberarse de las limitaciones humanas y entrar en sintonía con el ritmo eterno del Tao.

La noción de "Wu Wei" es fundamental en el taoísmo. Esta expresión se traduce comúnmente como "acción no forzada" o "acción sin esfuerzo". Wu Wei implica actuar en armonía con el flujo natural de la vida y la situación, sin forzar ni interferir con los procesos naturales. Es un recordatorio de la importancia de dejar de lado las agendas egoístas y permitir que las cosas se desenvuelvan de manera espontánea y armoniosa.

El taoísmo también ha influido en la espiritualidad china a través de su enfoque en la conexión con lo divino y la búsqueda de la inmortalidad. Las prácticas taoístas incluyen la meditación, la respiración profunda y la alquimia interna para cultivar la energía vital "qi" y alcanzar un estado de equilibrio y armonía. Además, la búsqueda de la inmortalidad, ya sea a través de métodos físicos o espirituales, ha sido un tema recurrente en las creencias taoístas.

La influencia del taoísmo también se extiende al arte y la cultura. La pintura taoísta a menudo refleja la serenidad y la simplicidad de la naturaleza, capturando la esencia del Tao en sus pinceladas. La arquitectura de los templos taoístas, ubicados en lugares pintorescos y en armonía con el entorno natural, también refleja la conexión entre el ser humano y la naturaleza.

En la vida moderna, el taoísmo sigue resonando como una filosofía que invita a la reflexión, a la calma y a la aceptación de lo que es. En un mundo lleno de agitación y estrés, sus enseñanzas sobre la simplicidad y la conexión con la naturaleza continúan brindando orientación y consuelo. A medida que la sociedad avanza, el taoísmo sigue siendo un recordatorio de que encontrar el equilibrio entre lo interno y lo externo es una senda de sabiduría y paz.

2.3 Budismo

El budismo llegó a China a través de la Ruta de la Seda y se encontró con un terreno ya fertilizado por las corrientes filosóficas chinas existentes, como el confucianismo y el taoísmo. Su recepción en China fue un proceso complejo de adaptación y fusión de ideas. Los sutras budistas se tradujeron al chino y se integraron con conceptos nativos, lo que resultó en una forma única de budismo conocida como "Chan" en China y "Zen" en Japón.

Uno de los aspectos distintivos del budismo es su enfoque en el sufrimiento humano y en el camino hacia la liberación. El budismo chino adoptó conceptos clave como la Cuatro Nobles Verdades y el Noble Óctuple Sendero, que ofrecen un marco para comprender el sufrimiento humano y las formas de superarlo. El budismo habló a las aspiraciones espirituales de la población, ofreciendo un camino hacia la iluminación y la liberación del ciclo interminable de nacimiento y muerte.

El budismo también dejó una marca indeleble en el arte y la arquitectura chinos. Los monasterios budistas, con sus impresionantes pagodas y esculturas, se convirtieron en centros de adoración y contemplación. La estatua del Buda, con su presencia serena y compasiva, se convirtió en un símbolo icónico de la espiritualidad y la devoción.

Una fusión interesante se produjo cuando el budismo chino se encontró con las filosofías confucianas y taoístas. Aunque estas corrientes filosóficas tenían enfoques diferentes, con el tiempo surgieron esfuerzos para reconciliar sus enseñanzas con las del budismo. La idea de que todas las enseñanzas, independientemente de su origen, pueden llevar a la verdad, se convirtió en un concepto central en la tradición budista china.

A medida que China avanzaba a través de los siglos, el budismo continuó siendo una fuente de inspiración y orientación espiritual. En épocas de cambios políticos y sociales, los monasterios budistas a menudo sirvieron como refugio y centros de aprendizaje. Aunque experimentó períodos de persecución y declive, el budismo ha demostrado ser una corriente espiritual resistente, capaz de adaptarse a las circunstancias cambiantes y continuar inspirando a las personas a buscar una comprensión más profunda de la vida y la existencia.

En la China moderna, el budismo sigue siendo una influencia significativa en la espiritualidad de muchas personas. Los templos budistas continúan atrayendo a fieles y visitantes, y las enseñanzas budistas siguen siendo una fuente de sabiduría y consuelo en un mundo en constante cambio. La interacción del budismo con las tradiciones nativas de China ha enriquecido la rica paleta espiritual del país y sigue siendo un testimonio de la capacidad de las creencias humanas para evolucionar y transformarse a lo largo del tiempo.

2.4 Otras corrientes filosóficas

Dentro del laberinto de la filosofía china, más allá de los pilares del confucianismo, el taoísmo y el budismo, se entrelazan una serie de corrientes filosóficas que han dejado su huella en la cultura y la forma de pensar de China a lo largo de los siglos. Estas corrientes, aunque a menudo menos prominentes en comparación con las tres mencionadas, han contribuido a la diversidad y complejidad del pensamiento chino.

El legalismo es una de estas corrientes que tuvo un impacto significativo en la China antigua. En contraste con el confucianismo, que enfatizaba la moralidad y la ética, el legalismo se centraba en el poder del estado y en la aplicación de leyes estrictas para mantener el orden social. Los legalistas creían que el gobierno debería ejercer un control firme sobre la población y recompensar el cumplimiento de las leyes mientras castigaba severamente las transgresiones.

El mohismo, fundado por Mozi, promovía la igualdad y la benevolencia universal. Mozi criticaba las diferencias sociales y la ostentación, abogando por la frugalidad y la preocupación por el bienestar de todos. Aunque el mohismo no alcanzó la misma prominencia que el confucianismo, sus ideas sobre la igualdad y la justicia resonaron en algunos círculos.

Otra corriente esencial es el xunzi, que también surgió como una reacción al confucianismo clásico. Xunzi, a pesar de ser un seguidor de Confucio, enfatizaba la idea de que la naturaleza humana es inherentemente egoísta y requiere la educación y la disciplina para alcanzar la virtud. Sus enseñanzas influyeron en cómo se percibía la formación y la moralidad en la antigua China.

El pensamiento de los nombres (mingjia) fue una corriente filosófica que se centró en la importancia del lenguaje y la conceptualización. Los filósofos de esta escuela, como Gongsun Long y Hui Shi, exploraron los matices de la lógica y el lenguaje, lo que contribuyó al desarrollo del pensamiento crítico y analítico en China.

En el panorama contemporáneo, la riqueza de estas corrientes filosóficas sigue siendo palpable en la forma en que las personas piensan y se relacionan en China. Aunque algunas de estas corrientes no han sobrevivido de la misma manera que el confucianismo, el taoísmo y el budismo, su influencia ha dejado una marca indeleble en la evolución del pensamiento y la cultura. Son testigos silenciosos de la capacidad humana para explorar una variedad de perspectivas y enfoques para comprender el mundo y forjar la identidad cultural.

Capítulo 3: Artes y Literatura

3.1 Pintura y caligrafía

La pintura tradicional china es un portal a mundos tanto reales como imaginarios. Desde los paisajes montañosos hasta las escenas de la vida cotidiana, la pintura china captura momentos fugaces con un sentido de delicadeza y equilibrio. La tradición de la pintura china valora la simplicidad y la esencia de las cosas, enfocándose en la captura de la esencia emocional más que en la mera representación visual. Los pinceles y tintas negras se deslizan sobre el papel para crear un paisaje mental, llevando al espectador a contemplar la naturaleza y sus misterios.

La caligrafía, a menudo considerada un arte en sí misma, es más que la simple escritura de caracteres. La caligrafía china es una danza de trazos y líneas que refleja la personalidad del calígrafo. Cada carácter, trazado con pinceladas cuidadosamente consideradas, es una expresión de su energía y estado emocional en el momento de la creación. La caligrafía es un puente entre la escritura y el arte, un medio para transmitir el significado literal de las palabras junto con la sensibilidad del autor.

La relación entre la pintura y la caligrafía es profunda y entrelazada. En muchas obras chinas, la caligrafía se integra directamente en la pintura, fusionando el poder de las palabras con la expresión visual. Los poemas y las inscripciones agregan capas de significado y contexto a las imágenes, creando una experiencia enriquecedora y multidimensional para el espectador. Esta fusión de palabras y pinceladas crea un diálogo entre el artista, la obra y el observador, permitiendo una inmersión más profunda en la creatividad y el pensamiento del autor.

El arte de la pintura y la caligrafía en China no solo se limita a los aspectos visuales; también está intrincadamente entrelazado con las filosofías y las creencias que han moldeado la cultura. Los conceptos de equilibrio, armonía, naturaleza y vacío están presentes en las representaciones artísticas, reflejando la influencia del taoísmo y el budismo. Cada trazo es una búsqueda de esa armonía y simplicidad que subyace en todas las cosas.

En la China contemporánea, la pintura y la caligrafía tradicionales continúan floreciendo en manos de artistas que combinan la técnica con la innovación. Además, estas formas artísticas han inspirado nuevas interpretaciones y exploraciones, fusionando las raíces antiguas con el lenguaje visual moderno. A través de los siglos, la pintura y la caligrafía chinas han trascendido las fronteras temporales y geográficas, capturando la esencia de la cultura y la espiritualidad de China para ser apreciada por generaciones futuras.

3.2 Cerámica y porcelana

La cerámica china tiene sus raíces en las civilizaciones antiguas que habitaban las fértiles tierras de los ríos Amarillo y Yangtsé. Desde los tiempos neolíticos, los alfareros chinos moldearon y decoraron piezas de cerámica que variaban desde utensilios utilitarios hasta elaboradas figuras y objetos rituales. Los métodos y las técnicas de cerámica se refinaron con el tiempo, dando lugar a la creación de porcelana, uno de los logros más emblemáticos de la cultura china.

La porcelana china, con su blancura translúcida y su delicadeza, ha cautivado la imaginación de personas de todo el mundo. La porcelana china fue un secreto celosamente guardado durante siglos, convirtiéndola en un tesoro codiciado en el extranjero. Las dinastías chinas, como la Tang, la Song y la Ming, contribuyeron a la evolución de las técnicas de cocción y la creación de esmaltes únicos, creando una paleta de colores y texturas que han dejado una marca distintiva en la porcelana china.

La porcelana china no solo se aprecia por su estética, sino también por su simbolismo cultural. Cada pieza de porcelana cuenta una historia, desde los intrincados patrones de dragones y fénix que simbolizan poder y renacimiento hasta las imágenes de flores y pájaros que reflejan la conexión con la naturaleza. La porcelana también ha sido utilizada en ceremonias religiosas y rituales, llevando consigo significados espirituales y de protección.

El arte de la cerámica y la porcelana también está intrínsecamente conectado con la vida cotidiana. Las piezas de cerámica utilitaria, como tazas, platos y jarrones, son testimonio de la habilidad artesanal que se aplicaba a objetos de uso diario. La cerámica y la porcelana forman parte de la vida de las personas, desde la vajilla en la mesa hasta las teteras en las ceremonias de té, enriqueciendo la experiencia diaria con belleza y funcionalidad.

En la China contemporánea, la cerámica y la porcelana continúan siendo apreciadas y valoradas. Los artistas cerámicos experimentan con formas, colores y técnicas, fusionando la tradición con la innovación. La porcelana china ha encontrado su lugar en el mundo globalizado, siendo apreciada tanto por su herencia cultural como por su excepcional calidad artística.

En última instancia, la cerámica y la porcelana chinas son testigos de la habilidad humana para moldear y transformar la materia en obras de arte que trascienden el tiempo. Estas piezas no solo son objetos físicos, sino también vasos a través de los cuales se vierte la creatividad, la cultura y la conexión humana. La cerámica y la porcelana china son un reflejo de la dedicación y el amor que los artistas han puesto en cada obra, creando un legado que sigue maravillando y enriqueciendo las vidas de las personas en todo el mundo.

3.3 Literatura clásica

La literatura clásica china abarca una amplia gama de géneros y estilos, desde la poesía lírica hasta las epopeyas históricas. Uno de los tesoros más preciados es el "Shijing" o "Libro de las Canciones", una colección de poemas que se remontan a más de dos milenios atrás. Estas antiguas composiciones reflejan la vida cotidiana, las emociones y las experiencias del pueblo chino en tiempos ancestrales, conectando a las generaciones presentes con las voces del pasado.

La poesía china es una forma de expresión que trasciende las barreras del tiempo y el espacio. Los poemas de la dinastía Tang, considerada la Edad de Oro de la poesía china, revelan la rica paleta emocional de los poetas que exploraron el amor, la belleza de la naturaleza y la fugacidad de la vida. Poetas como Li Bai y Du Fu dejaron un legado de versos que resuenan en los corazones de las personas hasta el día de hoy.

La prosa china también tiene un lugar destacado en la literatura clásica. Los "Zuo Zhuan", registros históricos comentados, ofrecen una visión detallada de los acontecimientos y las intrigas de las dinastías antiguas. Los "Analectos" de Confucio y otros tratados filosóficos son un testimonio de la sabiduría transmitida de generación en generación, brindando orientación moral y ética.

La novela china clásica es otro capítulo en la rica historia literaria. "Viaje al Oeste", una epopeya que narra las aventuras del monje Xuanzang y sus compañeros en su búsqueda de las escrituras budistas, ha capturado la imaginación de generaciones con su mezcla de mitología, moralidad y acción. "El Sueño de la Casa Roja" de Cao Xueqin, una obra maestra de la narrativa china, explora la vida de una familia aristocrática en decadencia, tejiendo una historia de amor, intriga y reflexión profunda sobre la condición humana.

La literatura clásica china ha influido en las culturas de todo el mundo y ha dejado una huella indeleble en la forma en que se comprende y se aprecia la narrativa. Sus historias, poesía y filosofía continúan resonando en la China contemporánea, donde se exploran nuevas formas de expresión literaria que incorporan las herencias del pasado. La literatura clásica es un reflejo de la esencia de la humanidad, un legado de palabras que trasciende las barreras del tiempo y el espacio, conectando a las personas a través de la vastedad del conocimiento y la emoción humana.

3.4 Teatro y ópera tradicional

El teatro chino tiene una historia rica y diversa que abarca desde los antiguos rituales y danzas sagradas hasta las formas más contemporáneas. Una de las formas teatrales más emblemáticas es el "huaju" o teatro de habla, que combina el diálogo, la acción y la música en una presentación unificada. El "Peking opera", también conocido como "jingju", es una de las formas más conocidas y visualmente impresionantes del teatro chino. Caracterizado por elaborados trajes, maquillaje facial y acrobacias, el Peking opera cuenta historias de héroes, amores y conflictos con un estilo distintivo.

La ópera tradicional china es un mundo en sí misma, con una variedad de estilos y géneros que se han desarrollado en diferentes regiones de China. Desde la ópera de Sichuan con sus cambios rápidos de máscaras hasta la ópera de Yue con su enfoque en la melodía y el canto, cada estilo tiene su propio carácter y tradiciones. Estas óperas no solo entretienen, sino que también transmiten valores culturales y morales a través de sus historias y personajes.

La ópera tradicional china es una amalgama de diferentes formas artísticas: música, canto, danza, actuación y gestos codificados. Los actores y actrices, a menudo entrenados desde una edad temprana, dominan una variedad de habilidades para dar vida a los personajes en el escenario. Cada gesto, cada entonación vocal, lleva consigo un significado y una emoción específicos, creando una experiencia teatral rica y multisensorial para el público.

Más allá del entretenimiento, el teatro y la ópera tradicional también han sido medios de reflexión social y política. A lo largo de la historia, las óperas han abordado temas que reflejan los desafíos y las luchas de la sociedad, ofreciendo una plataforma para expresar opiniones y descontentos. En tiempos de cambio y transformación, el teatro y la ópera han sido una voz del pueblo, transmitiendo mensajes a través de los siglos.

En la China contemporánea, el teatro y la ópera tradicional siguen siendo apreciados y celebrados. Aunque se han enfrentado a desafíos en un mundo moderno, estas formas artísticas han demostrado su resiliencia y capacidad para evolucionar. Los artistas continúan experimentando con nuevas interpretaciones y fusiones, manteniendo viva la esencia de la tradición mientras exploran nuevas formas de expresión.

El teatro y la ópera tradicional chinos son ventanas a la historia y la cultura, llevando a los espectadores a través de los pasajes del tiempo y las emociones humanas. Son testimonios de la capacidad humana para crear, interpretar y conectarse a través de la interpretación escénica. Como un lienzo en movimiento, el teatro y la ópera tradicional china siguen inspirando, conmoviendo y enriqueciendo la vida de aquellos que participan en su maravilla escénica.

Capítulo 4: Costumbres y Tradiciones

4.1 Festivales tradicionales

El Año Nuevo Chino, también conocido como el Festival de la Primavera, es uno de los festivales más emblemáticos y esperados en China. Marca el inicio del calendario lunar y es un tiempo de renovación y esperanza. Las festividades incluyen reuniones familiares, banquetes festivos, fuegos artificiales y el característico "Hongbao" o sobre rojo, que contiene dinero y simboliza la prosperidad y la buena fortuna para el nuevo año.

El Festival del Barco del Dragón, o Duanwu, es otra celebración profundamente arraigada en la cultura china. Se celebra en el quinto día del quinto mes lunar y conmemora la muerte del poeta y patriota Qu Yuan. La característica más llamativa de este festival son las carreras de barcos de dragón, donde equipos de remeros compiten en coloridos botes adornados con cabezas de dragón. Además, se consumen "zongzi", pasteles de arroz envueltos en hojas de bambú, en honor a la leyenda de que los aldeanos arrojaron estos pasteles al río para evitar que los peces se comieran el cuerpo de Qu Yuan.

El Festival del Medio Otoño, también conocido como el Festival de la Luna, se celebra en el octavo mes lunar. Es un momento de agradecimiento por la cosecha y se caracteriza por la tradición de comer pasteles de luna, deliciosas golosinas rellenas de frutas y nueces. Durante este festival, las familias se reúnen para disfrutar de banquetes, admirar la luna llena y contar historias sobre la Diosa de la Luna.

El Festival del Fantasma Hambriento, o Zhongyuan, es una celebración que honra a los antepasados y los espíritus fallecidos. Según la creencia, durante este mes los espíritus vagan por la tierra y se organizan elaboradas actuaciones teatrales y procesiones para entretener y apaciguar a los espíritus. Las ofrendas de comida y papel-maíz se queman para satisfacer las necesidades de los espíritus y asegurar su tranquilidad.

Estos festivales tradicionales son solo algunos ejemplos de la riqueza de la cultura festiva china. Cada celebración está imbuida de simbolismo y significado cultural, reflejando las creencias y los valores de la sociedad a lo largo de los siglos. En la China contemporánea, estos festivales siguen siendo celebrados con entusiasmo y devoción, y aunque pueden haber evolucionado con los tiempos, siguen siendo testigos de la continuidad de la tradición y la importancia de la comunidad y la conexión humana.

4.2 Etiqueta y protocolo social

La etiqueta en China es más que un conjunto de reglas formales; es una manifestación de la consideración y el respeto hacia los demás. El saludo tradicional, que involucra un gesto de inclinación o una leve reverencia, es un ejemplo de cómo la cortesía se manifiesta en el lenguaje corporal. La cortesía también se refleja en la manera en que se dirigen las personas. El uso de títulos y nombres apropiados, que a menudo indican la relación y el estatus, es una parte crucial de la comunicación respetuosa.

La jerarquía y el respeto a la autoridad son aspectos importantes de la etiqueta china. La edad, el estatus social y la posición en la familia o en el trabajo influyen en la manera en que las personas se dirigen entre sí y se comportan en situaciones sociales. Por ejemplo, en una conversación, es común que una persona más joven o de menor estatus hable de manera deferente a una persona mayor o de mayor estatus.

La ceremonia del té en China es un ejemplo vívido de cómo la etiqueta y el protocolo se entrelazan con la cultura. La preparación y el consumo del té son una forma de arte y un ritual que trasciende lo físico. La manera en que se vierte el té, se sostiene la taza y se ofrece a los invitados refleja la apreciación y el respeto mutuo. La ceremonia del té es una oportunidad para establecer conexiones y fortalecer lazos sociales.

La etiqueta en ocasiones especiales, como bodas y funerales, también desempeña un papel esencial en la cultura china. Las normas de comportamiento en estas circunstancias son un reflejo del profundo respeto por las tradiciones y por las personas involucradas. Los rituales y las prácticas transmiten la importancia de honrar la memoria de los antepasados y celebrar los nuevos comienzos.

A medida que China se ha modernizado y globalizado, algunas de las normas de etiqueta tradicionales pueden haber evolucionado. Sin embargo, la esencia de la etiqueta y el protocolo sigue siendo una parte integral de la sociedad china. Las personas siguen valorando la cortesía y el respeto hacia los demás, y la etiqueta sigue siendo un lenguaje silencioso que refleja la profunda riqueza de la cultura y la tradición. En última instancia, la etiqueta y el protocolo son recordatorios de la importancia de las conexiones humanas y de cómo la consideración y el respeto pueden unir a las personas a través del tiempo y el espacio.

4.3 Gastronomía y culinaria

La rica tradición culinaria china se nutre de siglos de evolución y regionalización. Desde las calles bulliciosas de Pekín hasta los mercados flotantes en Guangzhou, cada región de China tiene su propia oferta culinaria distintiva, basada en ingredientes locales y técnicas de cocina únicas. La diversidad gastronómica de China refleja la amplitud geográfica y la variada cultura del país.

Uno de los pilares de la cocina china es el concepto de equilibrio. Se busca un equilibrio entre los sabores, las texturas y los colores en cada plato. Los cinco sabores fundamentales (dulce, salado, agrio, amargo y umami) se combinan para crear una experiencia sensorial completa y armoniosa. La idea de equilibrio también se extiende a la relación entre los alimentos yin y yang, que se cree que tienen propiedades que afectan el equilibrio de energía en el cuerpo.

La importancia de la comida en la cultura china se refleja en la frase "Chi le ma?", que se traduce como "¿Habéis comido?". Esta expresión cotidiana es una muestra de hospitalidad y preocupación por el bienestar de los demás. La comida es un lazo que une a las familias y a las comunidades, y compartir una comida es una forma de fortalecer relaciones y construir conexiones.

La preparación de la comida en China es una forma de arte en sí misma. Desde el corte preciso de los ingredientes hasta la presentación cuidadosa en el plato, cada paso es una expresión de destreza y creatividad. Los métodos de cocción varían desde el rápido salteado en el wok hasta el lento cocimiento al vapor. El "dim sum", una variedad de bocados y dumplings, es un ejemplo de cómo la comida china no solo es deliciosa, sino también visualmente atractiva.

La gastronomía china también está impregnada de simbolismo cultural y tradiciones festivas. Los platos de año nuevo a menudo incluyen ingredientes que simbolizan la prosperidad y la buena suerte. El pescado, por ejemplo, es un símbolo de abundancia, mientras que los "tangyuan", bolas de arroz glutinoso, se comen durante el Festival de las Linternas como un símbolo de la reunión familiar y la unidad.

En la China contemporánea, la gastronomía sigue siendo una parte esencial de la vida cotidiana. A medida que China ha abierto sus puertas al mundo, su cocina ha encontrado admiradores en todo el planeta. Los restaurantes chinos en todo el mundo ofrecen una muestra de la riqueza de la culinaria china, desde los sabores familiares hasta las reinterpretaciones modernas. La gastronomía china es un reflejo de la historia, la cultura y la evolución constante de una nación, y sigue siendo una forma poderosa de unir a las personas a través de la experiencia compartida de la comida.

4.4 Prácticas espirituales y rituales

El taoísmo, una antigua filosofía y religión que abraza la armonía con el tao o el "Camino", ha dejado una profunda marca en la espiritualidad china. Los taoístas buscan la unión con la naturaleza y la inmortalidad, siguiendo principios de simplicidad, fluidez y equilibrio. La meditación, el qigong y otras prácticas taoístas buscan cultivar la energía vital y la tranquilidad interna, conectando a las personas con su naturaleza más profunda.

El budismo, introducido en China desde la India, también ha desempeñado un papel influyente en las prácticas espirituales. Los templos budistas, con sus estatuas de Buda y las melodías de los cánticos, ofrecen lugares de contemplación y refugio. Los monasterios budistas en las montañas de China son lugares de retiro y estudio, donde los monjes y las monjas buscan la iluminación y el entendimiento del sufrimiento humano.

El confucianismo, aunque más centrado en la ética y la moral, también ha dado lugar a prácticas espirituales y rituales. Los ancestros juegan un papel fundamental en la vida cotidiana y en ocasiones especiales. Los rituales de adoración a los antepasados, que incluyen ofrendas de alimentos y plegarias, reflejan el respeto por la genealogía y la continuidad de la familia.

El Feng Shui y la astrología china son ejemplos adicionales de cómo las creencias espirituales influyen en la vida cotidiana. El Feng Shui, que se traduce como "viento y agua", es una práctica que busca armonizar el entorno con la energía vital, influyendo en la disposición de los edificios y los objetos en el hogar y el trabajo. La astrología china, basada en el zodiaco de doce animales, determina aspectos de la personalidad y el destino de una persona según su año de nacimiento.

Los festivales y las celebraciones también están intrínsecamente ligados a las prácticas espirituales y rituales. Desde el Festival de los Faroles hasta la Ceremonia del Barco del Dragón, cada evento tiene sus propios rituales que reflejan las creencias y los valores de la sociedad china. Estas prácticas no solo son actos religiosos, sino también oportunidades para unir a la comunidad y celebrar la esencia misma de la vida.

En la China contemporánea, las prácticas espirituales y rituales siguen teniendo un lugar vital en la cultura. Aunque la sociedad ha experimentado cambios y modernización, la conexión con lo espiritual y lo ancestral sigue siendo una parte esencial de la identidad china. Las personas continúan buscando respuestas a preguntas profundas y cultivando su conexión con el misterio de la existencia a través de estas prácticas espirituales y rituales, que enriquecen la vida de individuos y comunidades por igual.

Capítulo 5: Avances Tecnológicos y Modernización

5.1 Contribuciones históricas a la tecnología

La invención de la brújula, por ejemplo, ha sido uno de los hitos más influyentes en la navegación y la exploración. Los antiguos chinos descubrieron la propiedad magnética de la aguja y desarrollaron la brújula como una herramienta de orientación. Esta innovación transformó la forma en que el mundo se exploraba y se comerciaba, abriendo rutas comerciales y conectando civilizaciones distantes.

La invención del papel, otro logro chino, revolucionó la forma en que se comunicaban las ideas y el conocimiento. Antes del papel, los chinos escribían en materiales como bambú y seda. La invención del papel, junto con la impresión, permitió la creación de libros y documentos de una manera más eficiente y accesible. Este avance tuvo un impacto duradero en la difusión de la información y el desarrollo del conocimiento humano.

La pólvora es otro ejemplo de la innovación china que cambió el curso de la historia. Originalmente desarrollada como una mezcla de salitre, azufre y carbón para fines medicinales y místicos, la pólvora se convirtió en una herramienta militar revolucionaria. Su aplicación en la creación de armas de fuego y explosivos cambió la naturaleza de la guerra y la defensa en todo el mundo.

La fabricación de la seda es otra contribución histórica china que ha influido en la moda y la economía globales. La sericultura y la habilidad para producir seda de alta calidad eran secretos celosamente guardados durante siglos, lo que convirtió a China en el principal productor y exportador de este lujoso material. La Ruta de la Seda, que conectaba a China con Europa, no solo promovió el comercio, sino también el intercambio cultural y tecnológico.

La invención del papel moneda en China marcó el inicio de la moderna economía monetaria. Los primeros billetes de papel se utilizaron durante la dinastía Tang, lo que simplificó las transacciones comerciales y facilitó el comercio a larga distancia. Esta innovación sentó las bases para la futura expansión económica global.

En la China contemporánea, la innovación tecnológica continúa siendo una prioridad. El país se ha convertido en líder en campos como la electrónica, la inteligencia artificial y la energía renovable. El rápido crecimiento de la tecnología china ha transformado la vida cotidiana y ha tenido un impacto global en la economía y la sociedad.

Las contribuciones históricas a la tecnología en China son un recordatorio del ingenio y la creatividad humanos. A lo largo de los siglos, los inventores y los innovadores chinos han dejado una huella indeleble en la historia de la tecnología, mejorando la calidad de vida y ampliando los horizontes del conocimiento humano. Estas contribuciones continúan inspirando a las generaciones actuales y futuras a buscar soluciones creativas y a enfrentar los desafíos tecnológicos de nuestro tiempo.

5.2 Revolución industrial y avances contemporáneos

La historia moderna de China se encuentra marcada por un capítulo importante: la Revolución Industrial y los avances contemporáneos que han transformado radicalmente su paisaje económico, tecnológico y social. Durante gran parte del siglo XIX y principios del siglo XX, China experimentó desafíos y conflictos internos, así como la influencia de potencias extranjeras, que dieron forma a su camino hacia la modernización.

La llegada de la Revolución Industrial a Occidente tuvo un impacto profundo en China, que inicialmente luchó por adaptarse a los cambios que se estaban produciendo en el mundo. Las potencias extranjeras establecieron concesiones y zonas de influencia en China, lo que resultó en un período de descontento y agitación. La Revuelta de los Boxers y el Movimiento del 4 de Mayo son ejemplos de las respuestas de la sociedad china a estas influencias externas y a la búsqueda de identidad y autonomía.

El siglo XX trajo consigo desafíos y transformaciones en China. La lucha por la independencia y la reconfiguración política dieron lugar a la caída de la última dinastía imperial en 1911 y al establecimiento de la República China. Sin embargo, este período también estuvo marcado por conflictos internos y fragmentación política.

El surgimiento del Partido Comunista Chino (PCCh) bajo el liderazgo de Mao Zedong cambió el rumbo de China de manera significativa. La Revolución Comunista, que culminó en 1949 con la fundación de la República Popular China, condujo a reformas radicales en la sociedad, la economía y la política. La Gran Marcha, la Revolución Cultural y otros eventos marcaron este período de transformación social y cambio radical.

La apertura económica liderada por Deng Xiaoping en la década de 1980 marcó un punto de inflexión en la historia moderna de China. Esta política de reforma y apertura permitió la entrada de inversiones extranjeras y la expansión del comercio internacional. China emergió como una potencia económica global, con un crecimiento económico sin precedentes y una transformación rápida de su infraestructura y sectores industriales.

El siglo XXI ha visto a China consolidar su posición como un actor clave en la arena mundial. La tecnología y la innovación han sido pilares fundamentales de su desarrollo. Desde la fabricación de dispositivos electrónicos hasta la exploración espacial y la inteligencia artificial, China ha logrado avances destacados en diversos campos. La iniciativa "Made in China 2025" refleja la ambición del país de liderar en áreas como la robótica, la tecnología de la información y la biotecnología.

El crecimiento económico sostenido ha permitido mejoras en la calidad de vida de muchos chinos, con avances en áreas como la educación, la atención médica y la infraestructura. Sin embargo, este progreso también ha planteado desafíos en cuanto a la desigualdad, el medio ambiente y la preservación cultural.

5.3 Impacto en la sociedad y la cultura

El impacto de los cambios históricos y las transformaciones en China se extiende más allá de lo económico y lo tecnológico, dejando una profunda huella en la sociedad y la cultura del país. A medida que China transitaba por períodos de agitación política, reformas económicas y desarrollo acelerado, la vida cotidiana y las costumbres culturales también experimentaron modificaciones significativas, que reflejaron tanto la adaptación a nuevos tiempos como la preservación de tradiciones arraigadas.

La Revolución Cultural, que tuvo lugar en la década de 1960 y principios de 1970, influyó en gran medida en la sociedad y la cultura chinas. Fue un período de agitación y transformación, en el que se promovió una ideología radical y se buscó erradicar las influencias consideradas burguesas o tradicionales. Las expresiones artísticas, literarias y culturales que no se ajustaban a la narrativa oficial fueron reprimidas, y se llevó a cabo una lucha por el control de la narrativa cultural.

Sin embargo, a medida que China avanzaba hacia la apertura económica y la modernización, la cultura también experimentó un renacimiento. El auge de la industria del entretenimiento, la música popular y las artes visuales dio lugar a nuevas formas de expresión y a la aparición de subculturas en la sociedad china. Los jóvenes abrazaron la moda, la música y el cine occidentales, lo que condujo a una mezcla única de influencias culturales.

La urbanización y la migración rural-urbana también han tenido un profundo impacto en la sociedad china. A medida que millones de personas se trasladaron a las ciudades en busca de oportunidades económicas, se crearon nuevas dinámicas sociales y culturales. Las ciudades se convirtieron en centros de innovación, creatividad y diversidad cultural, lo que resultó en la fusión de tradiciones regionales y globales en la vida cotidiana.

La influencia de la tecnología y las redes sociales en la sociedad china es otro aspecto notable. La conectividad digital ha cambiado la forma en que las personas se comunican, se relacionan y consumen información. Plataformas como WeChat y Weibo se han convertido en espacios para la interacción social, la difusión de noticias y la creación de comunidades en línea.

La cultura china tradicional sigue siendo un elemento fundamental en la identidad del país. A pesar de los cambios rápidos, las festividades tradicionales, las artes escénicas y la filosofía ancestral siguen desempeñando un papel importante en la vida cotidiana. La UNESCO ha reconocido numerosos aspectos de la cultura china, como la ópera de Pekín, la medicina tradicional china y el arte de la caligrafía, como Patrimonio Cultural Inmaterial de la Humanidad.

Capítulo 6: Influencia Global y Futuro de la Cultura China

6.1 Diáspora china

La diáspora china, un fenómeno que se extiende por todo el mundo, es un testimonio de la influencia y la presencia duradera de la cultura y la comunidad chinas en diversas partes del globo. A lo largo de los siglos, los chinos han emigrado en busca de oportunidades económicas, educativas y políticas, llevando consigo su rica herencia cultural y contribuyendo al tejido social y económico de las naciones que los han acogido.

Desde tiempos antiguos, la diáspora china ha estado en constante evolución. Los primeros registros históricos hablan de migraciones a través de las rutas comerciales que conectaban a China con el mundo antiguo. La comunidad china en el sudeste asiático, conocida como la diáspora chinabamba, ha sido una de las más influyentes en términos económicos y culturales. Los chinos establecieron lazos comerciales y culturales en países como Malasia, Singapur y Tailandia, contribuyendo a la diversidad de estas naciones.

En el siglo XIX, la fiebre del oro en California y la construcción del ferrocarril transcontinental en Estados Unidos atrajeron a una gran cantidad de inmigrantes chinos. Sin embargo, estos inmigrantes enfrentaron discriminación y leyes restrictivas, como la Ley de Exclusión China de 1882, que prohibió la inmigración de chinos a Estados Unidos durante varias décadas. A pesar de estos obstáculos, la comunidad china en América del Norte persistió y se convirtió en una parte integral de la sociedad.

La diáspora china también se extendió a otras partes del mundo, incluyendo América Latina, África y Europa. En América Latina, las comunidades chinas se establecieron en países como Perú, Cuba y Brasil, aportando a la riqueza cultural de estas naciones. En África, los chinos contribuyeron a la construcción de infraestructura y al desarrollo económico en países como Sudáfrica y Mauricio. En Europa, las comunidades chinas han crecido con la inmigración más reciente, aportando su cultura y habilidades a diversas industrias.

La diáspora china también ha influido en la política global y en las relaciones internacionales. Los lazos entre las comunidades chinas en el extranjero y la China continental han sido un factor importante en la diplomacia y en las políticas económicas. La inversión china en las comunidades de la diáspora y los lazos comerciales han contribuido a la conectividad global y a la interdependencia económica.

La cultura china, transmitida a través de generaciones en la diáspora, ha seguido siendo una parte vital de la identidad de estas comunidades. Festivales como el Año Nuevo Chino y las tradiciones culinarias han persistido y han sido celebrados en todo el mundo. Además, las comunidades chinas en el extranjero han mantenido vínculos con la China continental a través de organizaciones culturales, intercambios educativos y visitas familiares.

6.2 Soft power y diplomacia cultural

El concepto de "soft power" y la diplomacia cultural han emergido como herramientas fundamentales en el escenario global, permitiendo a las naciones proyectar su influencia y forjar conexiones significativas más allá de las fronteras políticas y económicas. China, con su rica historia, cultura milenaria y crecimiento económico sostenido, ha desplegado estas estrategias de manera cautelosa y efectiva para aumentar su presencia en el mundo y mejorar su imagen internacional.

El término "soft power", acuñado por el académico Joseph Nye, se refiere al poder de influir y moldear la percepción a través de medios no coercitivos, como la cultura, los valores, la diplomacia y la educación. China ha reconocido la importancia de esta herramienta en su ascenso global y ha centrado esfuerzos significativos en el desarrollo y la promoción de su soft power.

La diplomacia cultural ha sido una extensión natural de esta estrategia. China ha invertido en la promoción de su cultura a nivel mundial, impulsando su idioma, música, arte, cine y literatura. Instituciones como los Institutos Confucio, que se han establecido en numerosos países, han desempeñado un papel crucial en la enseñanza del idioma chino y la promoción de la cultura china. Estos esfuerzos han permitido a China construir puentes culturales y facilitar un mayor entendimiento entre las naciones.

El cine chino, por ejemplo, ha experimentado un crecimiento significativo en la escena internacional. Películas como "Crouching Tiger, Hidden Dragon" y "Hero" han cautivado audiencias globales, exhibiendo la riqueza de la historia y la estética visual de China. Además, la apertura de salas de cine chinas a películas extranjeras ha fomentado el intercambio cultural y ha permitido que el cine chino tenga un impacto más allá de sus fronteras.

La música y el arte chinos también han encontrado audiencias internacionales. Desde presentaciones de ópera de Pekín hasta exposiciones de arte contemporáneo, la cultura china se ha convertido en un vehículo de expresión y conexión en todo el mundo. Los festivales culturales chinos, como la Fiesta de la Primavera y las celebraciones del Año Nuevo Chino, también han sido oportunidades para compartir tradiciones y celebrar la diversidad cultural.

La gastronomía china, con su variedad de sabores y técnicas culinarias, también ha dejado una huella indeleble en la escena global. Los restaurantes chinos se han convertido en lugares populares para experimentar una parte de la cultura china y han contribuido al intercambio culinario en todo el mundo.

Sin embargo, la diplomacia cultural y el soft power no están exentos de desafíos. Las diferencias culturales, los estereotipos y las percepciones políticas pueden influir en la forma en que se recibe la cultura china en el extranjero. Además, la diplomacia cultural debe ser auténtica y respetuosa para ser efectiva, evitando convertirse en una herramienta de propaganda.

En última instancia, el soft power y la diplomacia cultural han permitido a China trascender las limitaciones geopolíticas y económicas, construyendo conexiones significativas con otras naciones y compartiendo su rica cultura con el mundo. Estas estrategias reflejan la creciente importancia de la cultura y los valores en las relaciones internacionales y subrayan el poder de la influencia suave para moldear la percepción global. Con una mirada al futuro, China continúa desempeñando un papel crucial en el escenario global a través de su diplomacia cultural y su proyección de soft power, enriqueciendo el tejido de la interconexión global.

6.3 Tendencias culturales emergentes

En el paisaje cultural en constante evolución de China, emergen tendencias que reflejan la intersección entre la tradición arraigada y la innovación contemporánea. Estas tendencias, impulsadas por factores como la tecnología, la urbanización y la influencia global, están dando forma a la expresión cultural y a la identidad de una nación en rápida transformación.

Una de las tendencias culturales más notables es la fusión entre lo tradicional y lo moderno. Los jóvenes chinos, especialmente en las ciudades, están encontrando formas creativas de combinar elementos de la cultura china con influencias globales. Esta síntesis se puede ver en la moda, la música, el arte y el diseño. Los diseñadores y artistas chinos están reinterpretando patrones tradicionales en contextos contemporáneos, creando un puente entre el pasado y el presente.

La creciente influencia de la tecnología también está dando forma a la cultura china de maneras sorprendentes. La penetración de los teléfonos inteligentes y las plataformas digitales ha transformado la forma en que las personas se comunican, consumen contenido y participan en la sociedad. Las aplicaciones de transmisión en vivo, los juegos móviles y las redes sociales se han convertido en medios de expresión y conexión social. Además, la realidad virtual y la inteligencia artificial están abriendo nuevas posibilidades en el arte, el entretenimiento y la narrativa.

La conciencia ambiental y la sostenibilidad son tendencias culturales emergentes que reflejan la preocupación por el medio ambiente y el futuro del planeta. Los jóvenes chinos están adoptando un enfoque más consciente hacia el consumo y están explorando opciones de estilo de vida más sostenibles. El arte y la moda sostenibles están ganando terreno, y las voces culturales se están uniendo para abogar por la conservación y la protección del entorno natural.

El resurgimiento del interés por la medicina tradicional china es otra tendencia cultural notable. La medicina china, con sus raíces en la antigüedad, ha encontrado un nuevo público en la búsqueda de enfoques holísticos para la salud. Prácticas como la acupuntura, la herbología y el tai chi están siendo adoptadas no solo en China, sino también en otras partes del mundo, como formas complementarias de cuidado de la salud.

La creciente diáspora china también está influyendo en las tendencias culturales. Las comunidades chinas en el extranjero están contribuyendo a la diversidad cultural de sus países de acogida y, a su vez, están trayendo influencias globales de vuelta a China. Esto crea un ciclo de intercambio cultural que enriquece la expresión artística y la creatividad en ambas direcciones.

En el mundo del entretenimiento, la música china está experimentando un renacimiento. Los géneros musicales que van desde el pop y el hip-hop hasta la música tradicional están ganando popularidad, y los artistas chinos están capturando la atención internacional. Programas de talentos y plataformas en línea han permitido que una nueva generación de artistas emerja y alcance audiencias globales.

6.4 Perspectivas hacia el futuro

Mirar hacia el futuro de la cultura china es explorar un horizonte lleno de posibilidades y desafíos emocionantes. A medida que China continúa evolucionando en el escenario global, su cultura y sociedad también están destinadas a experimentar transformaciones significativas que reflejarán tanto su herencia milenaria como su adaptación a las demandas cambiantes del mundo moderno.

En el ámbito cultural, el poder de la tecnología seguirá influyendo en la forma en que las expresiones artísticas se crean y se consumen. La realidad virtual y la inteligencia artificial podrían permitir experiencias artísticas y narrativas completamente nuevas. La colaboración entre artistas de diferentes disciplinas y la experimentación con medios digitales podrían dar lugar a formas de arte únicas y emocionantes.

La diáspora china también seguirá desempeñando un papel importante en la configuración de la cultura china en el extranjero y en el intercambio cultural. A medida que las comunidades chinas continúen creciendo y conectándose globalmente, surgirán nuevas oportunidades para la colaboración y la difusión de la cultura china en todo el mundo. Además, la influencia de la diáspora también podría llevar a la introducción de nuevas perspectivas y tendencias culturales en China.

El fomento de la sostenibilidad y la conciencia ambiental probablemente se intensificará en la cultura china. La preocupación por el cambio climático y la conservación del medio ambiente podría manifestarse en formas de expresión cultural que promuevan la responsabilidad ambiental y el respeto por la naturaleza. Además, las tradiciones culturales que abogan por la conexión con la tierra y la naturaleza podrían encontrar un nuevo resurgimiento en este contexto.

La preservación y revitalización de las costumbres y tradiciones locales también seguirá siendo una prioridad. A medida que China continúa modernizándose, existe el desafío de equilibrar la adopción de la innovación con la preservación de las raíces culturales. Los esfuerzos para mantener vivas las prácticas artísticas, las festividades tradicionales y las técnicas artesanales podrían ser cruciales para garantizar la continuidad de la rica herencia cultural de China.

La educación y la promoción de la cultura china a nivel global serán fundamentales en la proyección del soft power del país. Instituciones como los Institutos Confucio y las iniciativas de intercambio cultural desempeñarán un papel crucial en la promoción del entendimiento intercultural y en la construcción de la imagen de China en el extranjero.

En resumen, el futuro de la cultura china es un horizonte emocionante que combina tradición y vanguardia, historia y innovación. La creatividad y la adaptabilidad de la sociedad china están destinadas a dar lugar a nuevas formas de expresión cultural y a una mayor influencia en el escenario global. A medida que China se enfrenta a desafíos y oportunidades en su desarrollo, su cultura seguirá siendo un faro que guía su identidad y contribución al mundo en las décadas por venir.

Conclusión

La cultura china, con su rica historia, profundas tradiciones y resonancia global, ha desempeñado un papel fundamental en la formación del mundo moderno. A lo largo de los siglos, esta cultura milenaria ha demostrado ser una fuente inagotable de inspiración, sabiduría y creatividad que continúa influyendo en diversos aspectos de la vida humana. Desde sus orígenes históricos hasta sus contribuciones tecnológicas y su proyección de soft power en el escenario global, la cultura china ha demostrado ser un legado invaluable para la humanidad.

Los orígenes históricos de la cultura china, enraizados en mitos y leyendas antiguas, han proporcionado la base para una civilización que se ha extendido por milenios. A través de las dinastías y las épocas de cambio, la cultura china ha mantenido su esencia, adaptándose a las circunstancias cambiantes mientras conserva la esencia de su identidad única. Desde la antigua filosofía confuciana hasta las formas artísticas como la caligrafía y la pintura, la cultura china ha demostrado ser una expresión viviente de los valores y la cosmovisión de su pueblo.

Las corrientes filosóficas del confucianismo, el taoísmo y el budismo han influido en la mentalidad y la moral de la sociedad china, creando un sistema de valores arraigado en la ética, la armonía y la búsqueda de la sabiduría. Estas filosofías han dejado una marca perdurable en la forma en que los chinos se relacionan entre sí, con la naturaleza y con el mundo en general.

La contribución de China a la tecnología, desde la invención de la brújula hasta los avances contemporáneos en inteligencia artificial, ha transformado la vida humana y ha cambiado la forma en que nos conectamos y exploramos nuestro entorno. La diáspora china, en constante expansión, ha llevado consigo la herencia cultural del país a todas las esquinas del mundo, contribuyendo a la diversidad global y al intercambio cultural.

La diplomacia cultural y el soft power han sido motores cruciales en el posicionamiento de China en el escenario global. La proyección de su cultura, a través de la música, el cine, el arte y la educación, ha permitido a China establecer puentes y relaciones significativas con otras naciones. Esta estrategia refleja la creciente importancia de la cultura en las relaciones internacionales y su capacidad para trascender las fronteras políticas y económicas.

A medida que China mira hacia el futuro, las tendencias culturales emergentes prometen una evolución fascinante en la expresión artística, la identidad y la interconexión global. La fusión de lo tradicional y lo moderno, la influencia de la tecnología, la conciencia ambiental y la diáspora china seguirán siendo impulsores de la cultura china en las décadas venideras.

En última instancia, la cultura china es un testimonio de la capacidad de la humanidad para crear, evolucionar y adaptarse a lo largo del tiempo. Desde sus raíces en la antigüedad hasta su proyección en el futuro, la cultura china seguirá siendo una fuente de inspiración, conocimiento y comprensión mutua en un mundo que valora la diversidad y la conexión global. El legado cultural de China continúa iluminando el camino hacia un futuro enriquecedor y compartido para todos.